LETTRE

DE

M. LE COMTE DE FORBIN-JANSON.

Je vous prie de vouloir bien faire imprimer le manuscrit ci-joint intitulé : *Lettre du Comte de Forbin-Janson à M. le Comte Decazes*. En vous chargeant de ce soin, je ne prétends pas que vous encouriez, ni vous ni l'imprimeur, aucune espèce de responsabilité. Je me déclare, au contraire, responsable de son contenu, en tant qu'il n'y sera fait ni changement ni altération.

J'ai l'honneur d'être, etc.

Signé. Le comte de FORBIN-JANSON.

Londres, le 28 mars 1819.

LETTRE

DE

M. LE COMTE DE FORBIN-JANSON

A

M. LE COMTE DECAZES.

DEUXIÈME ÉDITION.

PARIS,

A la Librairie constitutionnelle de BRISSOT-THIVARS, rue Neuve-des-Petits-Pères, n° 3, près de la place des Victoires;

Et chez {
  DELAUNAY, Libraire au Palais-Royal;
  Mademoiselle DONNAS, au cabinet de lecture, rue Neuve-des-Petits-Champs, n° 29.

1819.

DE L'IMP. DE C.-F. HATRIS.

A MES CONCITOYENS.

DEPUIS près de quatre ans, je suis proscrit de ma patrie, et voici la première fois que j'élève la voix pour me faire entendre d'elle. Jusqu'à présent, ce qu'elle a su ou deviné des véritables causes qui firent porter trente-huit individus sur une liste de proscription, a été suffisant pour exciter son intérêt en faveur de ceux qu'elle frappait. J'étais donc sûr de ne point en être oublié, et qu'elle me comprendrait dans cette bienveillance qu'elle ne peut manquer d'accorder à ceux qui souffrent pour elle. Mes titres étaient les mêmes que ceux de mes compagnons d'infortune ; notre cause était semblable , et je pense que notre sort n'eût jamais dû être séparé. Cependant , aujourd'hui, les uns sont rappelés, d'autres à la veille de l'être ; et, pour moi, le jour du bonheur fuit et s'éloigne. La proscription cesse d'être générale et devient individuelle. Cette différence dans l'effet en suppose dans le principe. Peut-être même, parmi ceux qui continueront de languir sur une terre étrangère, les uns seront considérés comme s'y trouvant contraints, d'autres comme retenus par des motifs qui, en quelque sorte, paraîtront dépendre de leur choix. Dans cette position nouvelle , les liens communs se dénouent , et chacun ne répond plus que pour soi. Je sens que je dois compte

d'un citoyen à ma patrie. La lettre que je mets sous ses yeux renferme le récit et l'explication de ma conduite, depuis qu'elle se rattache à des événements politiques. Il y a plus d'un mois qu'elle est parvenue au Ministère, et elle n'a point obtenu de réponse. C'est à mes concitoyens que je l'adresse aujourd'hui. Je ne crains pas qu'ils y trouvent rien qui me rende indigne de leur estime. Puisse chacun d'eux se dire en la lisant! « C'est un ami qui l'écrivit; quelles
» que soient mes opinions et les siennes,
» il m'aime, car je suis Français; et si
» quelquefois, dans le même pays, les
» citoyens ne se reconnaissent plus que
» par les partis qui les divisent, celui
» qui traîne ses jours sur un sol étran-
» ger, qui regarde comme une faveur
» du ciel la vue d'un compatriote, ne

» *les désigne et ne les unit dans sa pen-*
» *sée que par un nom si cher à son*
» *cœur.* »

Londres, 4 Février 1819.

A Son Excellence Monsieur le Comte Decazes, Ministre de l'Intérieur, etc.

MONSIEUR LE COMTE;

Avant de commencer cette lettre, je sens que je dois me justifier auprès de votre excellence de tout le temps qu'elle va perdre à la lire. Mais ce n'est pas à moi que ce tort, si c'en est un, doit être imputé. Personne, je crois, n'a moins que moi fatigué le gouvernement. Depuis trois ans et demi que je suis proscrit de France, il n'a reçu de moi ni plainte, ni réclamation, ni mémoire, ni écriture d'aucune espèce, et je n'ai pas plus importuné le public que le ministère. Cette réserve même, je ne l'ai pas bornée à ma personne, j'aurais voulu l'étendre à tout ce qui m'entoure. Si je n'en ai pas été tout-à-fait le maître, si je n'ai pu interdire à un père, à une mère, à une épouse, de donner quelque soulagement à leur douleur, en cherchant à hâter le moment d'une réunion si désirée par eux et par moi, leurs démarches ont été sans aucune participation de ma part. Une attente calme, silencieuse, me paraissait la ligne la plus simple et la plus convenable à suivre. En effet, qu'avais-je à dire? Il est naturel et obligatoire de défendre sa réputation quand elle est attaquée; mais la mienne ne l'était pas. L'ordonnance du 24 juillet 1815, qui m'exile de Paris, celle de janvier 1816, qui me proscrit de France, n'ont pas prononcé contre moi un seul chef d'accusation. L'espèce de soupçon vague que le préambule de la première laisse planer sur les *trente-huit* personnes qui y sont inscrites, a été entièrement dissipé par les discussions subséquentes des deux chambres, et par le défaut absolu des plus légers indices, que *l'attentat sans exemple* ait réellement été commis. Se disculper d'avoir trempé dans la conspiration qui a ramené Napoléon de l'île d'Elbe, serait combattre une chimère. De quoi donc me justifier ? Plus ma conscience était à l'abri de tout reproche, moins je devais concevoir la possibilité qu'on me crût coupable, et plus je me serais trouvé embarrassé de me défendre, sans savoir sur quoi j'étais attaqué. Qu'ont fait, en un mot, les deux ordonnances que je viens de citer ? Elles m'ont poussé hors de France, et en ont fermé les portes derrière moi. Que me restait-il à faire ? attendre pour y rentrer, qu'on me les rouvrît. Tel était le plan que je m'étais tracé, que j'ai suivi avec persévérance jusqu'à ce jour, et dans lequel je me renfermerais encore, si ce n'était le gouvernement français lui-même qui m'ordonne et me force d'en sortir. C'est lui qui se plaint de mon excessive réserve, qui s'offense de mon silence. Parler ou écrire est la première des conditions qu'il met à mon rappel. Il désigne même les sentiments qu'il faut que j'exprime, les termes dont je dois me servir et ceux que je dois éviter. Il blâme la conduite que j'ai tenue pendant mon exil, et veut que je réponde à quatre principaux griefs qu'il met en avant. Telle est du moins la communication qui vient de m'être transmise par ma famille. Il ne m'est donc plus permis de me taire. Mais je ne dois, je ne puis dire que la vérité. Je ne dois, je ne puis faire que ce qu'approuve l'honneur le plus sévère. Dans le danger où je me vois exposé, quoique bien malgré moi, de faire quelquefois céder à la sincérité, le désir de ne rien dire qui puisse déplaire ; dans la triste nécessité où je me vois réduit, de me refuser à quelques-unes des obligations qu'on m'impose, je regarde comme un devoir impérieux de prouver du moins que si je m'écarte de la ligne de conduite qui m'est prescrite, ce n'est ni par humeur ni par un ridicule entêtement, ni par un faux orgueil, mais uniquement parce que cette ligne se trouverait en opposition avec les principes sur lesquels se fondent mes opinions et auxquels mes actions, quel que puisse être mon intérêt, seront toujours subordonnées. C'est là, Monsieur, ce qui nécessitera quelquefois des développements et m'empêchera d'être aussi concis que je l'aurais désiré.

Les quatre principaux griefs sur lesquels on demande que je me justifie, embrassent presque tout le temps qui s'est écoulé depuis ma sortie de France jusqu'à ce jour. En exposant quelle a été ma conduite constante pendant ce long intervalle, non-seulement je donnerai les éclaircissements que l'on réclame aujourd'hui ; mais encore, je préviendrai tous ceux que l'on pourrait me demander dans la suite. Je ne retracerai que les faits indispensables pour lier les événements auxquels se rapportent les griefs qu'on m'oppose.

J'étais à Paris, au sein de ma famille, quand parut l'ordonnance du 24 juillet 1815. Je quittai aussitôt la France. Sur les bruits qui circulèrent le 23, j'avais pris un passeport pour la Suisse et l'Italie. Le 25, je m'en procurai un second, sous un nom d'emprunt, jugeant bien que le premier ne me serait pas d'un grand secours. Madame de Janson ne voulut pas séparer sa destinée des malheurs de toute espèce qui devaient être le partage de la mienne. Nous partîmes ensemble, trouvant à chaque pas de nouveaux dangers. Leur récit serait inutile à l'objet de cette lettre. Nous n'y échappâmes que grâce à d'heureux hasards, et quelquefois à une fuite et à des déguisements, qui, dans des temps moins orageux que ceux où nous vivions, sembleraient n'être destinés qu'à favoriser l'évasion du crime. Enfin, après avoir parcouru presque toute la Suisse et l'Italie, nous nous fixâmes à Florence. Notre genre de vie y fut absolument conforme à l'obscurité du nom que je portais. Nous ne voyions presque personne, et pas un Français. J'avais des rapports ou de parenté, ou de société, avec la plupart de ceux qui occupaient à Florence les premières places de l'état. Je les avais tous connus à Paris, lorsque la Toscane était réunie à la France. Je ne mis aucun d'eux dans la confidence de mon séjour clandestin ; ne voulant pas, par délicatesse, risquer de mettre leurs obligations d'hommes publics en opposition avec leurs sentiments d'hommes privés. Enfin, Monsieur, quand votre excellence elle-même aurait pris la peine de me dicter le genre de conduite le plus propre à me réconcilier les bonnes grâces du gouvernement, il me semble qu'elle n'aurait rien pu me prescrire, dont je ne me sois, moi-même, imposé la loi. Cette loi, du reste, n'avait rien de pénible. Je trouvais dans l'unique société de celle qui s'était si généreusement associée à mon triste sort, la seule consolation proportionnée au malheur d'être proscrit de mon pays et séparé de ma famille.

C'est à la fin de cette désastreuse année 1815, que la loi désignée sous le nom de loi d'amnistie, fut proposée aux deux chambres. D'après l'ordonnance du 24 juillet, le procès des *trente-huit* inscrits sur la seconde liste devait se juger, aussitôt que les chambres seraient assemblées. La loi d'amnistie proposa de les proscrire tous, sans jugement, en alléguant pour motif, qu'il était impossible de les juger. Le ministère, après de vives contestations, consentit à un amendement proposé par quelques membres ; savoir : que refusant de proscrire elles-mêmes les *trente-huit,* elles se contenteraient d'accorder au Roi la faculté de bannir ceux d'entr'eux qu'il lui plairait. Le lendemain parut l'ordonnance royale, qui les bannit tous sans exception.

J'avais, en quittant la France, chargé ma famille de déclarer en mon nom, qu'aussitôt qu'on m'assignerait des juges, je viendrais moi-même me constituer prisonnier. Cette démarche me paraissait convenable et suffisante. En faisant cette déclaration, mon père voulut encore se charger de ma défense; il publia un mémoire dans lequel il envisage sous quels points de droit l'ordonnance royale de 1815 peut être attaquée ; et passant ensuite à l'examen de ma conduite politique, il démontre combien sont dénuées de fondement, non les accusations, puisqu'on n'en a encore entendu prononcer aucune, mais les imputations, puisqu'il faut bien supposer quelques motifs à mon inscription sur cette liste fatale. La deuxième ordonnance royale venait de décider que je ne serais pas jugé; je n'avais plus qu'à me taire. Elle m'ôtait le droit de rentrer en France sans la permission du roi. Il ne me restait qu'à attendre. De ce jour date la détermination dans laquelle j'ai persisté jusqu'à ce moment, de souffrir sans me plaindre et sans rien demander.

Un an se passa de la sorte dans la vie calme et retirée dont j'ai parlé, lorsqu'à la fin de juillet 1816, l'archi-duchesse, Marie-Louise, vint à Livourne prendre les bains de mer. Nous voici au premier des griefs sur lesquels on désire des explications.

Nous étions alors, ma femme et moi, aux bains de Lucques, distant de Livourne seulement de quelques lieues. Une sorte de fatalité voulut encore que je fusse forcé, par une raison indispensable, d'aller passer un jour ou deux à Livourne. Cette raison était de renvoyer en France, par mer, une femme qui avait suivi madame de Janson, et qui, atteinte d'une maladie incurable sous laquelle elle succomba bientôt après, désirait retourner dans sa famille, et n'aurait pu supporter le voyage par terre.

Ce fut donc le hasard seul qui me conduisit si près de l'archi-duchesse, et non point un projet déterminé de me faire secrètement introduire en sa présence. Sans cela, depuis un an que j'habitais l'Italie sous un nom étranger, et que j'y voyageais librement, j'aurais pu me rendre à Parme, et j'avais toujours au contraire évité cette ville. Mais, me voyant, sans l'avoir cherché, dans le lieu même habité par elle, cette circonstance me parut favorable pour lui écrire, et j'essayai d'en profiter. — Quel motif vous y portait et que pouviez-vous avoir à lui dire, me demandera votre excellence? — Rien de commun avec la politique.

J'ai été, vous ne l'ignorez pas, chambellan de Napoléon; ceux de l'Empereur l'étaient aussi de l'Impératrice, et faisaient leur service tantôt près de l'un, tantôt près de l'autre. Le mien avait été près de l'Impératrice. Il n'y a que ceux qui ont eu l'honneur de vivre auprès de cette princesse, qui sachent combien la douceur et la parfaite égalité de son caractère, son extrême bonté, la constante obligeance de ses paroles et de ses manières, la font chérir de tout ce qui l'entoure. Le malheur attache, du moins certaines âmes. J'avais quitté l'Impératrice assise sur le premier trône de l'univers, entourée de tout ce qui peut contribuer à la félicité ou flatter l'ambition humaine; je revoyais l'archiduchesse Marie-Louise, arrachée d'auprès de son époux, séparée de son fils, vivant sous la surveillance d'un officier autrichien, dans un état qui est une véritable captivité et qui n'en diffère que par le nom. J'éprouvai le désir de mettre à ses pieds l'hommage d'un respect qui augmentait en raison inverse de sa fortune. Ma position exigeait du mystère, car toutes les lettres qu'on lui écrit sont ouvertes; on ne lui remet que celles qu'on juge à propos de lui laisser lire, et les précautions à cet égard sont si bien prises, qu'il ne reste aucun espoir d'y échapper. Des motifs particuliers me firent jeter les yeux sur une des personnes de sa maison, à qui je crus pouvoir m'ouvrir. Je lui dis qui j'étais, et que je n'avais d'autre désir que de faire parvenir à l'archiduchesse l'assurance de mon respectueux attachement; que la circonstance de mon *incognito* m'empêchait de faire passer ma lettre par les filières ordinaires, mais que je la remettrais avec grand plaisir décachetée à la personne qui voudrait bien s'en charger. Je ne tardai point à m'apercevoir combien était indiscrète cette proposition que j'avais crue toute simple. Au premier mot que je prononçai, mon homme était devenu pâle et tremblant. Non-seulement il refusa de se mêler en rien d'une *telle affaire*; mais il m'assura que personne ne serait assez téméraire pour l'entreprendre, et qu'il n'y avait dans le monde entier que son excellence monseigneur le gouverneur, grand-maître, premier ministre, monsieur de Neiperg, en un mot, ou la dame d'honneur, qui eussent le droit et le pouvoir de remettre un papier quelconque à son altesse impériale. Je l'assurai de mon côté que les choses étant ainsi, je renonçais tout-à-fait à mon projet ; je lui demandai seulement sa parole d'honneur du secret, ce qu'il me fit avec un empressement égal à celui de se débarrasser d'une visite aussi mal-avisée.

Deux heures après j'étais arrêté, et c'est alors que je sentis toute l'étendue de mon tort. Ce tort était celui d'une imprudence extrême, d'une confiance qu'on passerait à peine à un enfant. En compromettant ma tranquillité, j'avais exposé celle de toutes les personnes dont la destinée s'unit à la mienne, et cela, sans un motif d'utilité réelle, pour satisfaire à un mouvement de mon cœur ; mais, excepté les reproches que ma famille était en droit de m'adresser, et ceux que je ne pouvais manquer de me faire à moi-même, je ne vois pas que je dusse en attendre de personne, et que le gouvernement français ait le moindre sujet d'y joindre les siens. Pourrait-il considérer comme un crime de conserver des sentiments d'affection personnelle pour ceux à qui l'on a été attaché pendant leur prospérité, sans autre raison de refroidissement que celle de leur changement de fortune ? Pourrait-il faire un devoir de l'ingratitude ? Si cela est, ce que je suis loin de penser, il faudrait l'avouer, et m'expliquer ces vertus d'espèce nouvelle dont j'aurais à faire l'apprentissage.

Criminel ou non, je fus traité comme si je l'avais été. Après de longs interrogatoires, on me notifia l'ordre de quitter Livourne à l'instant, et la Toscane en vingt-quatre heures, pour n'y jamais rentrer. Je me rendis en toute hâte à Florence, pour tâcher d'obtenir au moins quelque répit. Un courrier m'y avait précédé, et je n'avais pas mis pied à terre que je fus conduit à la police. On m'ordonna de partir dès le lendemain et de me diriger sur Bologne qui appartient au pape. Je ne demandais que le temps d'aller chercher ma femme aux bains de Lucques. A force d'insister j'obtins enfin cette faveur, qu'on ne manqua pas de faire sonner bien haut, et qu'on n'accorda, selon l'expression diplomatique, qu'au rang de ma famille.

Il n'y avait pas quatre jours que j'avais laissé Mme de Janson en très-bonne santé. Quelles furent ma surprise et ma douleur en la retrouvant entre la vie et la mort, luttant contre une complication de maladies qui s'était manifestée le soir même de mon départ. On la transporta à Florence avec les précautions convenables. Un officier de police m'y attendait pour me notifier l'injonction de ne pas dépasser d'une minute les vingt-quatre heures qui m'avaient été fixées. Mais quand j'eus représenté aux ministres l'effroyable position dans laquelle je me trouvais, ils jugèrent que les règles ordinaires n'étaient pas applicables, et m'accordèrent huit jours, après lesquels si la malade n'était pas en état de me suivre, ce serait sa faute et non la leur.

Les meilleurs médecins français, anglais, italiens furent appelés. Le danger était imminent, ils ne me le cachèrent pas. Le calme le plus parfait était, disaient-ils, indispensable ; il fallait éviter la moindre émotion ; la vie de la malade en dépendait.

Lorsque le terme des huit jours fut proche, ils signèrent une attestation portant que Mme de Janson était absolument hors d'état d'être transportée de quelque manière que ce pût être, et que toute secousse morale la tuerait infailliblement. Ils offrirent de confirmer cet écrit par tout ce dont ils pourraient l'appuyer verbalement de plus fort.

Muni de cette pièce, je me présentai de nouveau chez les ministres ; ils me la rendirent en disant « qu'ils ne pouvaient rien changer à leur » décision, qu'ils n'en étaient pas les maîtres, » et que le traité de Paris leur liait les mains ;

» que mon séjour clandestin avait compromis
» leur gouvernement ; que mes malheurs étaient
» la suite de mon imprudence : qu'après
» tout, ce n'était pas moi qui étais malade, que
» j'étais, moi, en état de partir, et que Mme de
» Janson pouvait rester à Florence, tant qu'elle
» voudrait, et qu'elle pourrait me joindre quand
» elle serait rétablie. »

Je ne manquai pas d'objections solides à leur
opposer. Elles furent inutiles. J'invoquai les droits
sacrés de l'humanité, je fis ce que je n'aurais pas
fait, s'il n'avait été question que de ma vie, je
descendis à la prière, et ils virent couler les larmes que m'arrachait le désespoir. Ils furent in-
flexibles.

La pensée peut-elle se représenter une situa-
tion plus épouvantable que la mienne ? Ce n'est
pas assez de voir le tombeau prêt à engloutir une
si chère victime, il faut que ce soit ma main qui
l'y précipite ! il faut que je n'y descende moi-
même que par l'horrible chemin des douleurs
inconsolables et des remords déchirants ! Aujour-
d'hui que deux ans et demi se sont écoulés, le
seul souvenir glace encore mon sang dans mes
veines ; il n'y a point de langage pour exprimer
ce que j'éprouvai alors. Je n'envisageai plus que
la mort, et ma seule espérance fut qu'elle serait

prompte. Je dis aux ministres que pour m'arracher de ce lit de douleur, qu'ils allaient convertir en un lit de mort, il ne suffirait pas de leurs ordres s'ils n'y joignaient des soldats, et je sortis à l'instant pour exécuter les résolutions d'un désespoir qui ne connnaissait plus de bornes.

Les ministres réfléchirent et ne jugèrent pas à propos de me réduire à de telles extrémités; ils m'accordèrent successivement plusieurs répits, mais jamais de plus de deux jours à la fois. Ce temps que j'aurais volontiers acheté au prix de mon sang, ils me le vendaient plus cher encore. Nous n'avions emmené de France qu'une seule femme attachée à Mme de Janson dès sa plus tendre enfance. C'était cette même femme qui était expirante dans la chambre voisine de celle de sa maîtresse : j'étais seul pour soigner toutes les deux, mais je ne pouvais leur consacrer que la moitié de chaque journée ; l'autre était irrévocablement dévolue aux bureaux de la police, où je recevais l'ordre de comparaître deux ou trois fois par jour, avec menace de m'y faire conduire de force si je ne m'y rendais pas de bonne grâce, et où j'attendais quelquefois des heures entières les impertinentes questions qu'il plaisait à un chef de bureau de m'adresser. Le bruit d'une porte qu'on ouvre me faisait tressaillir. Il fallait dévorer mes alarmes, cacher la cause de mes fréquentes absences, affecter un air serein, quand je ne savais pas si l'ordre qui me forçait de m'éloigner n'était pas un piége pour m'enlever, si je reverrais jamais celle à qui je disais que je la quittais pour quelques minutes.

Ce n'est, Monsieur, ni pour déclamer contre le système adopté par les gouvernements étrangers à l'égard des proscrits de France, ni pour exciter votre commisération, que j'ai donné à ce récit plus d'étendue qu'il ne paraissait en exiger dans le plan que je me suis tracé ; mais pour éclairer les ministres du roi sur les conséquences des ordonnances royales. Il est facile au pouvoir de proscrire un citoyen sans défense, il n'a besoin que d'un trait de plume ; mais s'il en avait envisagé les suites, cette plume peut-être aurait frémi sous sa main.

Un mois s'écoula de la sorte. Les deux dernières semaines furent le fruit d'une intervention étrangère. On ne m'avait jamais intimé que l'ordre de quitter la Toscane, en me dirigeant sur Bologne ; tout le corps diplomatique se réunit pour réclamer contre cette mesure, et exigea impérieusement que je ne fusse livré qu'à la Prusse, à l'Autriche ou à la Russie ; la garde de ma personne étant un droit formellement conféré, par le traité de Paris, à ces trois grandes puissances exclusivement. Ils rendirent le gouvernement toscan responsable de mon individu, jusqu'à ce qu'ils eussent reçu les instructions ultérieures qu'ils avaient demandées à leurs cours respectives.

On me notifia officiellement cette nouvelle décision, en me sommant de déclarer à laquelle des trois puissances je voulais appartenir. J'eus beau protester que je ne reconnaissais point ce droit prétendu, et que ma personne n'était point matière à transaction diplomatique ; il fallut céder à la menace d'être envoyé dans un château fort, et profiter de l'espèce de liberté qu'on me laissait, pour me faire un mérite de la préférence auprès du nouveau maître dont j'allais dépendre ; je donnai la pomme à l'Autriche. Le premier secrétaire de cette légation, en l'absence du ministre, m'assura que je serais traité avec les plus grands égards dans les états autrichiens, ce en quoi il ne me trompa point.

Il me présenta à signer une déclaration, dont le modèle avait été arrêté, de concert, par les trois grandes puissances, et portant en substance « que le soussigné, en recevant un asile dans les » états de S. M. I. et R , s'engageait à y vivre » conformément aux lois générales et aux lois » particulières aux proscrits de France ; lois

» qu'on avait établies , ou qu'on pourrait établir
» dans la suite. »

Il n'y avait rien dans cette déclaration qui pût me faire considérer comme prisonnier sur parole; mais je craignis, qu'en forçant l'acception de quelques mots ambigus , on ne pût parvenir à en inférer que cette clause s'y trouvait implicitement comprise , et je refusai de signer. Le chargé d'affaires parut aussi surpris qu'affligé de mon refus. Il m'assura que c'était une formalité exigée péremptoirement , à laquelle toutes les personnes, dans la même position que moi , s'étaient soumises ; qu'il ne dépendait pas de lui de m'en dispenser, et qu'en persistant dans mon refus , je m'attirerais inévitablement des peines extrêmes : je lui demandai la permission d'y réfléchir et j'emportai le modèle de la déclaration.

Je le lui rapportai le lendemain avec ma signature précédée de ces mots : « Le soussigné ne » voulant pas porter atteinte à sa liberté par la » présente déclaration, entend qu'elle ne sera » obligatoire qu'autant qu'il *voudra* habiter les » états de S. M. I. et R. » Ce n'était pas là le compte du chargé d'affaires. Il refusa de recevoir la déclaration accompagnée d'une telle restriction. « Vous ferez, monsieur, lui dis-je, ce qu'il

» vous plaira ; je sais que vous avez le pouvoir
» de me faire autant de mal que vous voudrez,
» mais je ne signerai pas d'autre déclaration ;
» ma résolution est invariable. » Le chargé d'affaires hésita quelques instants, et prit enfin le
papier. « Je fais, me dit-il, plus que je ne dois,
» en me contentant de cette déclaration. » Il est
noble de céder au malheur, quand on a la force
en main. Ce trait fait trop d'honneur à l'âme
élevée de celui qui en a été capable, pour que je
ne me fasse pas, monsieur le comte, un plaisir
de le mettre sous vos yeux.

Nous voyageâmes toujours escortés, et nous
arrivâmes à Crems, petite ville au bord du Danube, à vingt-cinq lieues de Vienne. En passant
par Udine, où l'on quitte le royaume de Venise,
pour entrer dans l'empire d'Autriche, le préfet
m'avait présenté une déclaration semblable à la
première, en me disant qu'il avait l'ordre de
me la faire signer. J'y insérai mot pour mot la
même restriction ; le préfet ne la reçut, après
beaucoup de difficultés, que sur l'assurance que
je lui donnai d'en avoir signé à Florence une
toute pareille dont la légation autrichienne s'é-
tait contentée. Depuis, on ne m'a plus demandé, pendant mon séjour en Autriche, de

promesse, ni de déclaration soit verbale, soit écrite.

Aussitôt arrivé à Crems j'écrivis au prince de Metternick, pour le prier de m'autoriser à m'établir à Vienne, ou du moins à y passer quinze jours; il m'accorda cette dernière faveur. J'espérai qu'elle en amènerait une plus étendue, et mon premier soin fut d'aller la lui demander. Le prince me parut bien disposé. Sa première question fut, si j'avais vu l'ambassadeur de France. J'interromps ici mon récit. Nous voici au second des griefs que l'on m'oppose.

Il est ainsi exprimé dans la note qui m'a été transmise. « A Vienne, il ne vit que des personnes opposées au gouvernement, il ne vit pas l'ambassadeur ».

Autant de mots, autant de faussetés : à Vienne, je ne vis pas une personne opposée au gouvernement, et je vis l'ambassadeur. Ce n'est pas la seule fois que j'aurai lieu de m'étonner de l'infidélité des rapports des agents du gouvernement. Celle-ci ne saurait être le fruit que de la plus noire méchanceté, car il est impossible d'y avoir donné moins de prétexte : pendant tout notre séjour à Vienne, nous vécûmes aussi parfaitement retirés qu'à Florence.

Je n'ai jamais donné, ni ne donnerai jamais au gouvernement le droit de me prescrire le choix de mes sociétés, et moins lorsque je suis mis par lui hors de la loi des nations que dans toute autre circonstance. Qu'ai-je donc besoin de chercher d'autre preuve de ce que j'avance que celle de la sincérité qui règne dans chaque page de cet écrit ? Je le dis, donc cela est. J'espère, Monsieur, que vous en jugerez de même ; l'estime n'est pas un sentiment qui s'accorde ou qui se refuse, et je me crois sûr de la vôtre.

J'ai dit que j'avais vu l'ambassadeur ; mais il est vrai que je ne le vis pas dès les premiers jours, et que je ne m'adressai pas à lui pour obtenir la permission de rester à Vienne. Je me bornerai à rapporter les raisons qui ont motivé ma conduite ; si vous ne les trouvez pas bonnes, je suis persuadé que vous n'y verrez rien qui mérite l'animadversion du gouvernement.

Je ne veux point entrer dans l'examen des ordonnances de juillet 1815 et de janvier 1816 ; qu'elles soient ce qu'elles voudront à vos yeux, aux yeux de la France et de l'Europe. Aux miens du moins, et quant à ce qui me concerne personnellement, vous conviendrez qu'elles ont pu sans crime passer pour injustes. Si nous n'étions pas d'accord sur ce point, il faudrait renoncer à ce que nous le fussions sur aucun. Je me regardais donc comme injustement et très injustement proscrit. La plainte me paraissait au-dessous de moi, et les sollicitations encore davantage. Je m'étais renfermé dans cette ligne de conduite calme et silencieuse, dont j'ai déjà dit que je prétendais ne jamais sortir. N'y aurait-il pas eu une inconséquence choquante à aller réclamer la protection du représentant de ce même gouvernement auquel j'avais résolu de ne rien demander, pas même la justice? Quelle subversion d'idées! J'avais ma patrie, ma famille à revendiquer au nom des droits les plus sacrés; cependant je me taisais; et j'aurais ouvert la bouche pour implorer la permission de végéter en exil dans une ville plutôt que dans une autre, permission que les mesures générales adoptées à l'égard de mes compagnons d'infortune n'auraient pas manqué de faire envisager comme une faveur. Faveur! . . . . . . moi dénoncé, sans motif et même sans prétexte, à l'animadversion publique, proscrit sans jugement et même sans accusation, persécuté dans l'Europe entière, condamné à fuir et à me cacher ou à vivre prisonnier. . . Faveur!! l'autorité se trompe, Monsieur, si elle croit que son immense pouvoir va jusqu'à celui d'amalgamer des idées qui se détruisent réciproquement.

La chose même était si claire, que je n'aurais pas eu besoin d'y réfléchir un instant, si l'ambassadeur ne se fût trouvé être le comte de Caraman, mon parent, qui avait bien voulu témoigner à ma famille de l'intérêt pour moi, et le désir de m'être utile, en sorte que mes rapports avec lui personnellement étaient d'une tout autre nature qu'avec l'ambassadeur.

Je crus tout concilier en lui écrivant, dès mon arrivée, un billet poli, et en me réservant *in petto*, le plaisir d'aller le voir après la décision de la demande relative à mon séjour à Vienne, demande qu'il me parut simple et naturel d'adresser à l'autorité compétente, au gouvernement autrichien.

J'allai donc, comme vous l'avez lu plus haut, trouver le prince de Metternick, et je répondis à sa question, précisément ce que je viens d'avoir l'honneur de vous dire. Il faut pourtant que cela ne soit pas tout-à-fait inintelligible et extravagant, car il me comprit parfaitement; et je ne vis pas que j'eusse perdu quelque chose dans la bonne opinion qu'il paraissait avoir de moi. « Cependant, me dit-il, sans cela la chose est » impossible. L'empereur désire vous donner des

» marques de sa bienveillance, mais ici, il ne
» saurait faire exception à la règle générale qu'il
» a établie pour toutes les personnes dans votre
» position, sans offenser celles qui en ont en
» vain sollicité une semblable. Tous ceux des
» *trente-huit* qui sont en Autriche, ont demandé
» Vienne, tous ont été refusés; si vous vous adres-
» siez à l'ambassadeur, ma responsabilité serait à
» couvert. Ce n'est plus l'empereur qui établit
» des différences, c'est le gouvernement fran-
» çais. Nous ne mortifions plus l'amour-propre
» de ceux qui ne sont pas aussi bien traités que
» vous. » Cette raison me parut si juste et si pé-
remptoire, que j'aurais été honteux d'y rien ré-
pliquer; l'idée me vint d'un *mezzo-termine* que
je lui proposai. Je le priai de demander lui-même
le consentement de l'ambassadeur de France.
» Puisque vous m'assurez qu'il est si bien disposé,
» lui dis-je, il ne manquera pas de vous l'accor-
» der. L'effet sera le même pour ceux des *trente-*
» *huit* que vous avez refusés. Vous pourrez tou-
» jours leur dire que je n'ai été plus heureux que
» sur la demande du gouvernement français. Je
» profiterai avec grand plaisir de la bonne vo-
» lonté de l'ambassadeur; mais je ne puis pas la
» solliciter. » Le prince eut la bonté de se prêter
à cet arrangement, et me dit de revenir le sur-

lendemain apprendre le résultat qu'il ne doutait pas devoir être favorable.

Il s'en fallut de beaucoup qu'il le fût. L'ambassadeur, choqué de ma réserve, ou n'en comprenant pas bien les motifs, insistait, au contraire, pour que ma demande fût rejetée, à moins que je ne me servisse pour l'obtenir de ce qu'il regardait sans doute comme la seule voie légitime. « Voyez-le, ajouta le prince, voyez-le comme » parent, c'est tout ce que je vous demande, et » en quatre mots l'affaire est arrangée. Sans cela » elle est infaisable. » Mais quand on a mis l'honneur en avant, on s'est ôté la possibilité de reculer. « Est-ce bien, repris-je, à une visite » de famille qu'il plaît à S. M. I. et R. d'atta-» cher la condition de mon séjour à Vienne? Je » dois à M. de Caraman une visite, et j'irai la lui » faire aussitôt que j'aurai reçu l'autorisation que » j'ai eu l'honneur de vous demander, ou, si elle » m'est refusée, la veille de mon départ.» Le prince vit que ma résolution était prise, et me dit qu'il regrettait de ne pouvoir céder à mes désirs. Peu après on me notifia que le temps de mon permis de séjour était écoulé, et j'étais occupé des préparatifs de mon départ, quand tout-à-coup me parvint l'autorisation de S. M. I. de passer l'hiver à Vienne.

Dès le lendemain j'allai chez le comte de Caraman. Il n'est pas besoin de dire qu'il ne fut question dans cette visite que de choses totalement étrangères à ce qui venait de se passer.

J'ai exposé, Monsieur, dans le plus grand détail tout ce qui peut servir aux éclaircissements souhaités. Vous pouvez maintenant décider si j'ai eu raison ou tort, et si, dans cette dernière hypothèse, ce tort est de nature à mériter l'indulgence ou bien à armer contre moi tout le ressentiment des dépositaires de l'autorité.

Dans le mois d'avril 1817, Mme de Janson désira passer quelque temps dans sa famille. Sa santé était encore faible, et je la voyais avec peine entreprendre seule un si long voyage au milieu d'un pays étranger. Je demandai au prince de Metternick la permission de l'accompagner jusqu'à la frontière de France. « Oui, me dit-il en riant, j'espère que nous serons assez libéraux pour vous accorder cela. » Cependant l'ambassadeur de France y mit son *veto*. Le conseiller intime, chargé de la direction générale de la police, m'apprit cet incident, qui venait tout déranger. Je crus qu'apparemment on craignait que je ne revinsse plus. « Mais si je vous offrais, lui dis-je, ma parole d'honneur de ne » faire qu'accompagner ma femme jusqu'à la

» frontière, et de revenir ici, sans m'arrêter
» nulle part, cela lèverait-il toute difficulté? —
» Je le pense, me répondit-il; cependant il faut,
» pour la forme, que j'en reparle à l'ambassa-
» deur; mais je ne doute pas qu'il n'y donne
» son entière approbation; quant à la nôtre,
» vous savez que vous l'avez depuis long-
» temps. » Je crus de très-bonne foi, avec le
directeur général, que la chose était faite, car
je ne concevais rien qui pût porter l'ambassadeur
de France à me persécuter gratuitement. Nous
nous trompions cependant; ma proposition fut
rejetée. Je suis très-loin de soupçonner dans
cette conduite le moindre motif peu honorable
pour l'ambassadeur personnellement : sans doute
il agissait suivant la lettre ou l'esprit de ses
instructions. J'ai dit le fait, je n'en recherche
point la cause. Le directeur général m'en té-
moigna son extrême regret, ainsi que celui du
prince, qui, me dit-il, en était même honteux;
et il ajouta, pour m'en convaincre, quelque
chose qui, en effet, en était la preuve la plus
claire.

Il fallut me borner à conduire ma femme jusqu'à Braunau, frontière d'Autriche et de Bavière.
Comme la voiture passait lentement le pont de
la Salza, qui sépare les deux états, je voulus

m'avancer pour lui dire adieu. Des soldats me retinrent et me forcèrent de rentrer dans Braunau.

Une prison est toujours une prison. La mienne était vaste. Elle s'étendait de ces mêmes rives de la Salza jusqu'aux confins de la Turquie, et du golfe adriatique jusqu'aux montagnes de la Saxe ; mais il suffisait que j'en connusse les bornes pour que je m'y trouvasse à l'étroit.

Je ne revins point à Vienne. Je m'arrêtai à Linz où je vécus trois mois, dans une solitude absolue.

J'éprouvais un vif désir de me rendre en Bavière. J'ai long-temps été chambellan du roi avec lequel la maison de ma mère a des rapports très-intimes, et même l'honneur de lui être alliée. J'avais vu, dernièrement, ce prince à Vienne, et j'en avais reçu les mêmes témoignages de bonté auxquels il avait daigné m'accoutumer. J'avais, en un mot, les plus fortes raisons de croire que je trouverais en Bavière tout ce qui peut rendre moins amère la privation de la patrie. La difficulté était d'y arriver, car de passeport, il ne fallait pas y songer ; et quoique ma surveillance à Linz, ne fut pas gênante, je ne laissais pas d'être fort observé. Je me jetai dans les hautes montagnes qui bordent le Danube, et marchant jour et nuit à travers les bois, je gagnai les frontières de Bavière, d'où je me rendis à Munich.

J'y trouvai le gouvernement dans la consternation où venait de le jeter la réception d'une note diplomatique signée de tous les plénipotentiaires des grandes puissances assemblées à Paris, et parvenue la veille, 27 juillet 1817. On exigeait, dans les termes les plus impératifs, qu'en exécution du traité de Paris, tous les proscrits, réfugiés en Bavière, en fussent expulsés et livrés à l'Autriche, à la Prusse ou à la Russie. Le terme de quinze jours était fixé comme le *nec plus ultra* du délai passé lequel il ne devait plus en rester un seul en Bavière. Des ordres semblables avaient été envoyés à la cour des Pays-Bas, et s'exécutaient avec rigueur.

Mon arrivée intempestive embarrassa d'autant plus le gouvernement, que, me croyant au terme des persécutions, je n'avais en arrivant songé à rien moins qu'à me cacher. Les ministres d'Autriche et de France jetaient les hauts cris, et voulaient à toute force que je fusse considéré comme transfuge, et renvoyé en Autriche sous escorte. Le caractère du roi, incapable d'une action peu généreuse, ne me laissait à la vérité rien à craindre à cet égard; mais d'un autre côté je ne pouvais me dissimuler à quel point je lui devenais à charge. Ce qui m'affectait le plus sensiblement encore était de servir de prétexte au ministre de France pour redoubler d'acharnement contre le petit nombre de malheureux réfugiés, établis depuis long-temps à Munich, qui, glacés d'épouvante et ne sachant que devenir, se préparaient à aller se cacher dans les montagnes et à vivre au fond des forêts. Je me dévouai à affronter de nouveau les dangers auxquels je ne faisais que d'échapper. Je fus néanmoins assez heureux pour me procurer un passeport sous un nom allemand, et j'arrivai en Angleterre dans le mois de septembre.

J'y vécus sous un nom d'emprunt, sans lequel l'*alien-bill* m'exposait à chaque instant à être expulsé d'Angleterre.

Vers la fin d'avril 1818, en fouillant dans de vieux recueils de lois écossaises, quelqu'un en trouva une qui fait entrer dans l'entière jouissance des droits de citoyen tout étranger qui placera une certaine somme dans la banque royale d'Écosse. L'oubli total dans lequel cette loi était tombée depuis plus d'un siècle, l'avait empêché d'être abrogée. Averti à l'instant de cette découverte, je ne perdis pas de temps pour en profiter. Bientôt les ministres proposèrent au parlement de supprimer cette loi, en y joignant une clause qui, par un effet rétro-actif, frappait de nullité toutes les inscriptions de la date de la mienne. Leur projet avait déjà passé à la chambre des pairs, mais la chambre des communes rejeta la clause rétroactive, et a mis par là hors d'atteinte les nouveaux droits que je venais de me procurer.

Ces droits sont sans doute bien précieux pour moi; je ne crains plus d'être vomi sur le continent, pour y être traité en prisonnier d'état, ou pour y mener cette vie errante et fugitive à laquelle je me suis vu réduit. La terre enfin ne fléchit plus sous mes pieds. J'ai trouvé un point fixe où je puis m'attacher à l'édifice des lois, des lois qui, depuis près de quatre ans, se dérobent à mes poursuites comme le fleuve se dérobait aux lèvres de Tantale.

C'est là le fruit, mais c'est là le seul fruit que je retirerai de cette naturalisation qui se trouve attachée à la possession d'une rente, et que je n'eusse jamais acquise s'il eût fallu la demander. Non, ce n'est pas à une vaine patente qu'il appartient de me créer une patrie. Il est facile, j'en conviens, de mobiliser une fortune, et celui qui ne tient à un pays que par les biens qu'il y possède, peut, partout, trouver des patries. Mais moi, dont le premier des biens que m'ont transmis mes aïeux est la gloire d'un nom qu'ils ont rendu cher à la France, puis-je emporter avec moi cette terre où repose leur cendre et où vit encore leur souvenir? Puis-je de mon nom faire un nom anglais? Ah! sans doute, je suis loin de le vouloir, et d'ailleurs en ai-je le droit? N'ai-je pas reçu en naissant des obligations dont rien ne peut me dispenser? La France a-t-elle trop peu d'ennemis au-dedans, au-dehors, pour perdre, sans regret, un seul de ses défenseurs? Ce n'est pas elle qui m'a banni. N'entends-je pas au contraire sa voix qui, si long-temps étouffée, s'élève aujourd'hui de tous côtés pour me rappeler dans son sein? J'appartiens à la France, et la France m'appartient. La mort seule pourra briser des liens tissus avec mon existence. De loin comme de près ma destinée s'unira à son sort, et mon sang, prêt à couler pour elle, n'attendra que ses ordres.

J'ai cru indispensable, Monsieur, de faire connaître aux ministres du roi la véritable position dans laquelle je me trouve aujourd'hui placé, afin de prévenir de leur part toute fausse interprétation; ils ne peuvent plus, il est vrai, me forcer à vivre sans asile; mais il dépend d'eux de me faire végéter sur une terre étrangère, privé de ma patrie, de ma famille, soupirant après le moment qui me rendra à l'une et à l'autre !

Si je cherchais une preuve de la parfaite tranquillité dans laquelle j'avais vécu en Angleterre, depuis mon arrivée jusqu'à l'acquisition de ces actions dans la banque d'Écosse, je ne pourrais pas en trouver une meilleure que l'ignorance totale où le gouvernement français a été de ma résidence en ce pays, malgré les nombreux agents qu'il y entretient. Effectivement, j'habitais plus souvent la campagne que la ville, et partageais mon temps entre l'étude et la société d'un petit nombre de personnes également distinguées par leurs talents et la haute considération attachée à leur caractère. Si je voulais démontrer que ce genre de vie n'était pas seulement l'effet de la nécessité, mais celui de mon choix, que pourrais-je alléguer de plus fort, que la persévérance dans la même conduite, depuis que par ce changement de position, je jouissais de l'entière liberté de parler, d'écrire et d'agir ? Mais la seule différence qui résulta de cette faveur inattendue de la fortune, fut de me débarrasser d'une partie de mes inquiétudes, et d'un nom étranger que je ne portais qu'à regret.

Je lui dus encore la possibilité de me réunir à ma femme et à mes enfants. Madame de Janson

eut, dans les premiers jours du mois d'août dernier, l'honneur de voir votre excellence, pour
en obtenir des passeports. Le système de rigueur
adopté par le gouvernement contre les proscrits,
paraissait alors tendre à se relâcher. Vous l'en-
gageâtes à rester, et elle put croire, d'après ce
que vous voulûtes bien lui dire, que j'allais être
incessamment rappelé. Mon cœur, depuis si
long-temps fermé au bonheur, s'ouvrit enfin à
l'espérance. Votre excellence fit entendre à
madame de Janson que le moyen le plus prompt,
ainsi que le plus sûr, était de s'adresser directe-
ment au roi. Elle eut en conséquence l'honneur
de solliciter une audience, dans laquelle S. M.
lui dit ces paroles : « Qu'il soit sage, qu'on me
» donne de bons renseignements sur son compte,
» et il peut tout espérer. » Votre excellence en
augura favorablement, et les lettres que je reçus
me confirmèrent dans l'idée que je touchais au
terme de mon attente. Cependant, plusieurs de
mes compagnons d'infortune venaient de cesser
de l'être, et pour moi chaque semaine amenait
un nouveau délai. Vous chargeâtes un de mes
plus proches parents de me faire savoir, que si je
voulais être immédiatement rappelé, je devais
écrire à S. M., et d'après la teneur des expressions qui me furent transmises, il me sembla

qu'à cette démarche était irrévocablement attaché le succès de mes vœux. Je m'empressai de
satisfaire à ce qui m'était demandé. Madame de
Janson vous porta ma lettre au roi, datée du
8 octobre. Votre excellence, sans la désapprou-
ver, prétendit qu'elle n'était pas précisément
ce qu'il aurait fallu, et que ne pouvant rien pro-
duire de favorable, elle préférait ne pas la remettre, mais qu'on s'en passerait, et que mon rappel
n'en aurait pas moins lieu incessamment. Sur ces
entrefaites, l'incident le plus inattendu vint ren-
verser les espérances qui paraissaient les mieux
fondées. C'est ici le troisième des griefs auxquels
j'ai à répondre.

Je voyais souvent le baron Gourgaud, anciennement 1er officier d'ordonnance de Napoléon, et qui l'avait suivi à Sainte-Hélène. Quand
il arriva en Angleterre, il n'y avait ni connais-
sances, ni recommandations quelconques, et il
y vécut dans la retraite la plus profonde, uniquement entouré de chagrins de toute espèce.

Je l'avais connu en 1813 et en 1814; mais
surtout dans la campagne de 1815, où notre service étant à peu près le même, nous étions
sans cesse auprès l'un de l'autre. Il n'est donc pas
étonnant, qu'étant en ce pays la seule personne
avec laquelle il eût quelque liaison, je me sois

empressé de lui rendre les services qu'on est en droit d'attendre d'un compatriote et d'un ancien camarade, et que cette circonstance ait augmenté les rapports qui existaient déja entre nous.

Le 14 novembre, le gouvernement fit enlever le baron Gourgaud par des agents de police qui s'introduisirent chez lui par artifice, le conduisirent d'abord dans une maison écartée, où il fut gardé secrètement, et le transportèrent de là, en toute hâte, au port d'Harwich, pour l'y embarquer. Le hasard seul fit que, deux heures après l'enlèvement, j'en étais instruit.

Je me rendis d'abord à son habitation, pour bien connaître toutes les circonstances, et fis, dans la ville, quelques perquisitions infructueuses. J'allai ensuite chez le sous-secrétaire d'état au département de l'intérieur; je lui représentai que le baron Gourgaud venant d'être arrêté, pour être transporté hors du royaume, il était absolument nécessaire que quelqu'un prît soin des effets qu'il avait laissés chez lui dans le plus entier abandon, et de ses affaires, qu'une absence aussi imprévue allait jeter dans une confusion désastreuse pour sa fortune; qu'étant la seule connaissance qu'il eût dans cette ville, je demandais la permission de le voir, mais que la politique n'entrant pour rien dans mes rapports avec lui, je consentirais volontiers à ne lui parler qu'en présence des agents du gouvernement. Non seulement je reçus le refus le plus formel, mais on ne voulut jamais me dire ni où il était, ni où l'on allait le conduire. Deux jours après, je reçus, par le canal du ministre de l'intérieur, une lettre du baron Gourgaud, dans laquelle il me priait de veiller à ses affaires, et de lui envoyer une partie de ses hardes, ce que je m'empressai d'exécuter.

Voilà, en peu de mots, l'exposé de ma conduite. Il y a de quoi s'étonner qu'elle ait donné lieu à de si violents reproches de la part du gouvernement, et que ce soit elle qui ait fait révoquer mon rappel, dont l'ordre avait déjà été signé par le roi, comme je n'en saurais douter, puisque c'est votre excellence elle-même qui l'a affirmé.

Grand Dieu ! dans quel siècle vivons-nous, si les premiers devoirs de l'humanité deviennent des forfaits ; si la pitié pour le malheur suffit pour mériter ce châtiment, le plus terrible de tous après la peine de mort, la proscription !

En effet, je ne vois aucune différence réelle, entre me proscrire, ou me laisser sur une liste de proscription, lorsqu'il était résolu que j'allais en être effacé. Mais, il y a plus : le roi ayant, d'après la loi de janvier 1816, le droit exclusif de rappeler les bannis, il est clair que mon rappel a eu lieu dès que l'ordre en a été signé par sa majesté. Dès cet instant, j'ai cessé d'appartenir à la liste des *trente-huit*; par conséquent le 2ᵉ ordre qui est venu détruire l'effet du premier, n'a pas été la continuation d'une ancienne proscription, puisque celle-ci venait de cesser légalement; mais une proscription nouvelle, séparée de la précédente par un intervalle de quelques heures.

On demande pourquoi je me mêle d'une affaire qui ne me regarde en rien, et qui doit indisposer contre moi le gouvernement au moment même ou il tient dans ses mains l'arrêt qui va prononcer sur mon sort? Il y a des questions auxquelles on est embarassé de répondre; non faute de raisons, mais parce que ces raisons sont d'elles-mêmes si palpables, qu'on se trouve presque honteux d'être obligé de les exprimer. Telle est celle-ci.

Le baron Gourgaud était mon compatriote, et l'on demande de quoi je me mêle! j'étais le seul homme avec lequel il fût lié, et l'on s'étonne que je n'aie pas laissé à un autre la charge de le secourir! Sans doute il en existait un, protecteur obligé de tous les Français, pour qui cette charge était de rigueur; mais il était loin d'y songer; et à qui donc, à son défaut, en aurais-je confié le soin? Ce ne pouvait pas être à des Français. Leur position était encore moins favorable que la mienne, puisqu'au moindre caprice de cette autorité ministérielle, despotique à l'égard des étrangers, ils devaient s'attendre à partager le sort de celui dont ils eussent embrassé la défense. C'était donc à des Anglais? Ah! Monsieur; pour l'honneur du caractère national, et surtout pour le leur, que les ministres ne me fassent pas un pareil reproche. Quelle idée ce peuple, naturellement fier et généreux, aurait-il eue de nous, si au lieu de voler au secours de mon malheureux compatriote, j'avais consumé un temps dont chaque minute perdue était irréparable, à parcourir cette ville immense, déserte à cette époque, cherchant partout quelqu'âme charitable qui consentît à faire, par commisération, ce que les devoirs les plus sacrés n'auraient pu obtenir de moi? Et quand il eût appris que la cause de ma lâche inaction était la certitude d'une persécution nouvelle, quelle idée aurait-il eue du gouvernement de France? Quoi! aurait-il dit, c'est un crime à ses yeux de se montrer sensible au malheur d'un ancien camarade, d'un homme que le cabinet britannique n'écrase du poids de sa haine que pour le punir d'avoir publié un ouvrage à la gloire des armées françaises, et avoir rejeté avec mépris des insinuations qui, s'il les eût écoutées, le flétrissaient d'un éternel opprobre !

Il n'est cependant que trop vrai, cette certitude existait pour moi. Je voyais, depuis si long-temps, que les prétextes les plus frivoles étaient mis en avant pour écarter mon rappel, pour le différer, pour le révoquer, après l'avoir promis, qu'il était évident qu'on n'en laisserait pas échapper un pareil; et d'autant plus que le ministère anglais, pour donner le change à l'opinion sur les vrais motifs de sa conduite, cherchait à rattacher cet enlèvement à l'absurde bruit, qu'il faisait répandre, de la découverte d'un grand complot tendant à faire évader Napoléon de Sainte-Hélène.

Je ne pus donc pas me faire un instant d'illusion sur les déplorables conséquences que mes démarches allaient entraîner; je vis ce glaive de proscription levé de nouveau sur ma tête. Mais ce n'est pas seulement sur des champs de bataille que l'homme d'honneur reste à son poste; sa devise est partout la même : *Fais ce que dois, advienne que pourra.*

Je voulais remplir mon devoir, mais ne pas

l'outrepasser ; je savais ma famille partagée entre la crainte et l'espérance, dans les angoisses de l'inquiétude, et je n'aurais pas, volontairement, affronté des dangers qui devaient retomber sur elle autant que sur moi.

Si le gouvernement anglais n'eût fait que renvoyer du royaume le baron Gourgaud, comme l'alien-bill lui en donne le droit, ou si cet alien-bill eût autorisé les formes dont cette mesure fut accompagnée, je n'aurais rien eu de plus à faire que ce dont je viens de vous rendre compte ; car je respecte les lois dans tous les pays où je vis : mais le renvoi du baron Gourgaud n'a été ni l'acte d'un gouvernement qui use avec dignité de l'autorité légitime qui lui a été conférée, ni celui d'un pouvoir despotique qui garde quelque pudeur dans l'exécution de ses actes les plus arbitraires ; on ne sait quel nom lui donner, et il ne mérite que ceux d'abus de force et de guet-à-pens. Non-seulement les lois générales de l'humanité y furent violées, mais on y foula aux pieds les dispositions de l'alien-bill, qui mettent de légères restrictions à l'immensité du pouvoir accordé aux ministres envers les étrangers. Ce fut par ruse qu'on s'introduisit à huit heures du matin chez le baron Gourgaud. Là, des officiers de police, transformés en bandits, l'arrachèrent de son lit et s'emparèrent de ses effets. Pour l'empêcher d'appeler des témoins et de cacheter son portefeuille, les uns lui serrèrent la gorge, pendant que d'autres le frappaient à coups de bâton sur la tête. Ils l'emmenèrent enfin tout sanglant, le gardèrent dans le plus profond mystère, d'abord à Londres, dans une maison écartée, puis trois jours entiers à Harwich, où une violente fièvre avait été la suite de leurs indignes traitements. Ses papiers furent saisis, la serrure de son portefeuille brisée, quoique rien n'autorise les ministres à cette violation du droit de propriété. Il avait demandé à être conduit devant *le conseil privé*, faculté expressément réservée par l'alien-bill, et on lui avait répondu en voulant lui mettre un bâillon dans la bouche. Tel est le précis de ce que j'ai recueilli moi-même des dépositions d'une pauvre servante, unique témoin de cette horrible scène et de ce qui est rapporté et attesté par le baron Gourgaud dans la relation détaillée qui m'est parvenue de lui.

Ce n'est pas tout. Voici le comble de l'infamie. Dès le lendemain de cette exécution, plus digne des hordes sauvages de l'Amérique que d'un peuple civilisé, la plupart des journaux de la capitale ne retentirent que d'injures contre cette malheureuse victime, qui semblait avoir été sacrifiée pour servir à l'amusement féroce de ces écrivains sans pudeur. L'un regrettait qu'on se fût contenté de chasser ce monstre, ce scélérat, ce traître, cet aide-de-camp de Bonaparte, et qu'on ne l'eût pas sur-le-champ attaché à un gibet. Un autre disait que, quand au lieu de le battre, les officiers de police l'eussent tué sur la place, il n'aurait eu que ce qu'il méritait, pour avoir eu la coupable audace de vouloir appeler des témoins et de crier au meurtre pendant qu'on l'assommait. Les calomnies les plus absurdes, les invectives les plus dégoûtantes étaient jetées à la tête d'un homme qui ne pouvait pas se défendre. On traitait enfin, comme le rebut de la société, un militaire qu'ont illustré des actions de la plus haute valeur, qui a dans l'armée française un grade élevé, et les titres de commandant de la légion-d'honneur et de chevalier de Saint-Louis.

Je vous le demande, Monsieur, un tel scandale devait-il échapper à la censure? Le souffrir, n'était-ce pas encourager les récidives, et s'en rendre pour ainsi dire complice? Ne fallait-il pas qu'une voix, du moins, s'élevât pour réclamer en faveur de l'humanité, des lois et de la décence? Pour cette fois, je désirais que quelqu'un voulût bien m'épargner cette tâche, qui était au moins autant celle des Anglais que la mienne, puisqu'il s'agissait de leurs lois qu'on avait foulées aux pieds, et de l'honneur de leur nom sur lequel on venait d'imprimer une flétrissure. J'attendis un mois et j'attendis envain. Il serait injuste d'attribuer cet oubli à des motifs peu honorables pour une nation qui compte dans son sein un grand nombre de citoyens toujours prêts à défendre la cause de la justice contre la tyrannie. Mais je crois l'avoir déjà dit, Londres, à cette époque était désert. Presque personne ne connaissait le baron Gourgaud. L'effronterie avec laquelle les journaux dont j'ai parlé continuaient à entasser mensonges sur mensonges, en imposait au public. Personne ne prenait un intérêt assez vif à cet étranger, dont on déchirait la réputation avec tant de persévérance, pour vouloir, à toute force, percer le voile dont la vérité était obscurcie. Il faut même convenir que toute la vraisemblance était du côté des ministres, puisque l'énormité était telle qu'à peine elle était croyable pour ceux même qui en avaient été témoins.

Je crus mon honneur engagé à ne pas laisser par terre le gant qu'on y avait jeté, et puisque personne ne songeait à le relever, il fallait bien que ce fût moi. Je ne pouvais pas, il est vrai, descendre dans l'arène pour me mesurer, la plume à la main, contre de tels adversaires ; mais je pouvais exprimer dans une seule ligne tout le mépris que j'ai pour eux. Je pouvais examiner sous tous les points de droit la conduite des ministres, et représenter au peuple anglais combien son intérêt est compromis dans cette question, qui se rattache à toutes les colonnes de sa liberté. C'est ce que je fis, ou du moins ce que j'essayai dans une brochure qui a pour titre : *Lettre à Lord Grey, sur l'arrestation et l'enlèvement du général Gourgaud*. Je ne signai point cette lettre. Elle est écrite en anglais, et rien n'y indique qu'elle est l'ouvrage d'un étranger. J'avais rempli toutes mes obligations ; je n'en voulais pas davantage ; et quoiqu'il n'y eût pas un mot dans cet écrit où le gouvernement de France fût intéressé le moins du monde, il suffisait qu'il pût m'attirer ce reproche banal, de ne pas rester tranquille, pour que je voulusse garder l'anonyme. Je n'en parlerais donc pas si je pouvais le séparer du quatrième grief auquel il a donné naissance, quoiqu'il n'en soit pas la cause directe.

Long-temps après la publication de cette lettre, un journaliste, après en avoir fait l'éloge, ajoute qu'on la croit écrite par un Français d'un rang élevé, par un homme de l'honneur le plus pur, et de l'intégrité la plus parfaite, dont les sentiments s'unissent à ceux de la grande masse du peuple français, à qui le journaliste en attribue d'extrêmement opposés à S. M. et à son auguste maison, dans des termes que le respect me fait supprimer.

L'ambassadeur de France envoie au ministère un rapport sur cette affaire ; et j'apprends que le gouvernement, très-irrité contre moi, exige que je fasse insérer dans ce même journal un désaveu formel des sentiments qu'on me suppose.

Je n'eusse pas attendu, à cet égard, la demande des ministres, et le lendemain du jour où cet article est venu à ma connaissance, aurait rendu publique ma réclamation, si j'y avais été nommé, ou même indiqué de manière qu'on fût obligé de m'y reconnaître. Mais les titres par lesquels le journaliste désigne l'auteur de la lettre à lord Grey, me sont communs avec trop de Français, pour que je pusse avoir le droit de me considérer comme suffisamment désigné, et pour me forcer à m'avouer l'auteur d'une lettre à laquelle je n'avais pas jugé à propos d'apposer mon nom.

J'espère, Monsieur, que le gouvernement voudra bien sentir la justesse de cette observation, et se contenter de l'assurance que je lui donne ici, que je n'ai avec le journaliste en question des rapports d'aucune espèce, et que, bien loin d'avoir autorisé l'insertion précitée, non seulement je n'en ai eu aucune connaissance préalable; mais que j'en ai été, quand je l'ai eu sous les yeux, également choqué et affligé.

Tel est, Monsieur, l'exposé de ma conduite pendant l'intervalle qui s'est écoulé depuis ma sortie de France jusqu'à ce jour. Je n'ai rien omis ni rien atténué. Toutes les explications qu'on a paru désirer, s'y trouvent, et je n'aurais pas une ligne à y ajouter, si le ministère n'exigeait encore une démarche qui nécessitera de ma part un examen approfondi.

Votre excellence, en recevant ma lettre au roi, datée du 8 octobre 1818, dit à madame de Janson, « que cette lettre n'était pas telle qu'on » pourrait la désirer, qu'elle n'avancerait pas » mes affaires, et qu'en conséquence, elle ne » serait pas remise au roi ; mais qu'on s'en » passerait, et que je n'avais qu'à rester tran- » quille pour être sûr d'être bientôt rappelé ».

Aujourd'hui, les nouvelles que je reçois m'apprennent que les ministres ont non-seulement rejeté cette lettre, mais qu'ils en exigent une autre, dans laquelle, au lieu de dire que mon espoir est dans *la justice* du roi, je parle de *la reconnaissance* avec laquelle j'obtiendrai mon rappel. (1)

Je n'ai ni l'intention d'épiloguer ni celle de tenir aux minuties. J'ai au contraire la volonté de satisfaire les désirs des ministres toutes les fois que je le pourrai, sans qu'il en coûte à mon honneur. Mais ici, l'importance des termes est prouvée par celle que les ministres y attachent. Il ne s'agit plus d'un mot dont on se sert indifféremment, sans en peser toute la valeur : il est clair que la substitution proposée renferme des conséquences nouvelles que j'admettrai par le fait de mon consentement; et que je dois,

------

(1) Voici la lettre en entier.

SIRE,

Plus de trois ans se sont écoulés depuis que, par suite de l'ordonnance de V. M., j'ai été forcé de quitter la France. Pendant ce long intervalle, il ne s'est pas passé un seul jour qui n'ait été marqué par mes regrets d'être éloigné de ma famille, et d'une patrie pour laquelle mon attachement ne s'est jamais démenti. Lorsque je vis mon nom porté sur la liste du 24 juillet 1815, j'appelai de toutes mes forces le jugement qui m'était promis. Il me fallut renoncer à cet espoir, et il ne m'en resta que dans *la justice* du roi. L'attendre en silence me parut également conforme au respect dû à V. M. et à ce qu'exigeaient de moi des malheurs pour lesquels ma conscience ne me faisait aucun reproche.

avant de me déterminer, connaître ces conséquences et y bien réfléchir.

Certainement, dans cette circonstance, rayer
le mot *de justice*, c'est admettre que je n'avais
pas employé le mot propre : dire que je recevrai
mon rappel avec *reconnaissance*, c'est promettre
que je me regarderai, après l'avoir obtenu,
comme lié par le sentiment de la reconnaissance.

Je sais que dans la position où je me trouve
envers un gouvernement qui tient dans une de
ses mains mon rappel, dans l'autre mon bannis-
sement, et qui peut les ouvrir ou les fermer à
son gré, bien des gens penseraient que je ne dois

Aujourd'hui, madame de Janson me mande qu'ayant eu
l'honneur d'être admise auprès de V. M., elle en a reçu l'espérance qu'elle daignerait bientôt autoriser mon rappel. Sire,
en recouvrant mes droits de Français, je n'en oublierai pas les
devoirs : « Que l'amour de la patrie rapproche toutes les opi-
» nions, confonde tous les sentiments. » Ces paroles de
V. M. sont le vœu de la France; mon cœur s'y unissait du
fond de l'exil; rendu à la grande famille, elles seront la
règle de ma conduite.

Je suis, avec respect,

Le très-humble, très-obéissant et très-respectueux

et fidèle sujet.

Signé. LE COMTE DE FORBIN-JANSON.

De la campagne près Chesterfield, 8 octobre 1818.

pas me considérer comme agissant librement, et qu'entre la proscription qu'on fait planer sur votre tête, ou un pistolet qu'on vous tient sur la gorge, la différence n'est pas grande; que, dans la conjoncture présente, je dois, avant tout, complaire à cette autorité toute puissante, souveraine arbitre de mon sort, céder sans argumenter à une force majeure, et renvoyer les examens approfondis au temps où j'aurai les coudées plus franches pour discuter à mon aise.

Ce raisonnement pourrait, à mon avis, servir d'excuse; mais dût-il même, au besoin, établir une justification, il serait insuffisant à mes yeux. La question n'est pas pour moi de savoir si je puis, sans me déshonorer, faire ce qu'on m'ordonne, mais lequel est le plus digne de mes sentiments de ne jamais écrire que ce que je pense, de ne promettre que ce que je suis décidé à tenir, ou de me laisser influencer par les circonstances, et de modifier l'immuable vérité d'après mon intérêt du moment. Posée de cette manière, elle ne saurait être indécise; il ne s'agit plus que de reconnaître les conséquences qui résultent nécessairement des changements proposés, et de décider si je puis et dois les avouer implicitement. Le mot de *justice* n'étant pas celui qu'il faut employer, il n'y a pour le remplacer que celui de *clémence*. Ici, il n'y a pas de choix. Si je ne peux pas dire : j'ai mis mon espoir dans la *justice* du roi, il faut que cet espoir se fonde sur sa *clémence*. La clémence suppose un tort ; c'est donc me déclarer coupable. Si c'est à la *clémence*, et non à la *justice* du roi, qu'il appartient de me relever de cette proscription, l'ordonnance du 24 juillet 1815, celle de janvier 1816, n'étaient donc pas des injustices, mais au contraire des actes légaux et équitables

Je ne ferai certainement pas ici le procès de ces ordonnances, non que je craigne, en le faisant, d'offenser le ministère. Qu'a de commun le gouvernement d'aujourd'hui avec celui de cette époque ? Ne sont-ce pas d'autres hommes, d'autres principes ? N'y a-t-il pas aujourd'hui un cri unanime, et parmi la masse des citoyens, et dans les deux chambres et dans l'administration, contre toutes les lois d'exception, et notamment contre celle-là ? Sans doute, et c'est pour cela même que je n'ai rien à en dire. Leur condamnation n'est pas une chose à faire, c'est une chose faite, et l'impossibilité qu'aucun homme d'honneur se présente pour les défendre, me met dans celle de les attaquer. Mais si, par égard pour les convenances et pour ma propre dignité, je rougissais d'en dire du mal, assurément, je suis encore plus loin de vouloir en dire du bien. Moi, leur apologiste ! cela peut-il se concevoir ? Il est impossible que le ministère veuille m'imposer une telle obligation. Si cette obligation ne résulte pas nécessairement de celle d'effacer de ma lettre le mot de *justice*, mon raisonnement porte à faux, je ne demande pas mieux que d'être éclairé et de pouvoir me rétracter, mais il me semble que pour quelqu'un qui sait lier deux idées, la conséquence est de rigueur.

Encore si cette phrase avait en elle-même quelque chose de peu respectueux, ou qui ressemblât à une récrimination, je pourrais essayer de me persuader que ce sont ses défauts qui font désirer sa suppression, et je ne ferais aucune difficulté de corriger mon style. Mais j'ai beau chercher ce qu'on peut trouver à redire à cette phrase, si mal-sonnante aux oreilles des ministres, je n'y trouve rien, absolument rien, qui puisse autoriser leur censure. Je dis, qu'ayant perdu l'espoir d'être jugé, il ne m'en est plus resté que dans la justice du roi, et c'est là un tort ? Quoi ! ne dit-on pas tous les jours à un roi qu'on se confie à sa *justice*, qu'on invoque sa *justice ?* Ne sont-ce pas des expressions consacrées ? Bien plus ; ne dit-on pas qu'on en appelle du roi lui-même, à sa *justice* mieux informée ; que la *jus-*

tice du roi a été surprise sans que jamais, je pense, jusqu'à ce jour, on ait critiqué de semblables formules? Si c'est le sens même du mot *justice*, que l'on trouve à blâmer, attendu qu'il exclut l'idée de la clémence, je réponds que c'est précisément parce qu'il l'exclut, que j'ai cru naturel de m'en servir, et que je me vois aujourd'hui dans l'impossibilité de le supprimer.

Quant à la phrase de *reconnaissance* qu'on veut voir insérée dans la nouvelle lettre, je pense qu'avant de délibérer sur le plus ou moins de propriété de l'addition proposée, et pour être bien sûrs de nous entendre, il est bon de commencer par définir le terme, et convenir de ce qu'il représente.

La reconnaissance n'est point un sentiment qui naisse du devoir, et que le respect traîne à sa suite. C'est le tribut dont le cœur paye les bienfaits. On ne l'obtient que par eux. L'idée *de reconnaissance* ne peut se séparer de celle d'une obligation précédente, et il faut encore qu'elle ait été gratuite; car si cette obligation est le prix de services antérieurs, elle a été payée d'avance, et ne saurait l'être deux fois. *La reconnaissance* ne fait aucune acception de personnes; car elle, aussi, est une justice. Ainsi, les rois peuvent devoir *de la reconnaissance* aux derniers de leurs sujets. Il n'y a que la plus vile adulation qui puisse inculquer à un prince l'idée qu'étant d'une autre nature que le reste des hommes, et l'image de Dieu sur la terre, renfermant dans sa personne l'état, la patrie toute entière, ce qu'on lui doit n'a de bornes que dans l'étendue des facultés humaines, et par conséquent ne saurait conférer de droits à *sa reconnaissance*; tandis qu'au contraire, maître absolu des biens et de la vie de ses sujets, ceux-ci doivent toujours être reconnaissants de ce qu'il veut bien leur en laisser. Si quelquefois on a entendu tenir aux rois de tels discours ou leur équivalent, si on en a vu y prêter une oreille trop indulgente, ces temps sont si loin de nous que ce serait une peine bien inutile de réfuter des maximes qu'aujourd'hui personne n'oserait avouer.

La reconnaissance doit être d'autant plus soigneusement distinguée de tout autre lien, que rien ne saurait dispenser des devoirs qu'elle impose, se trouvassent-ils même en opposition avec des devoirs d'une espèce différente et en quelque sorte contradictoire. L'honnête homme, alors, place ces diverses obligations dans le rang que sa conscience et sa raison leur assignent. Il est toujours prêt à faire céder ses sentiments personnels à l'amour de la patrie, et son intérêt personnel à la reconnaissance. *La reconnaissance* ne meurt point avec le bienfaiteur. Elle vit tant que le bienfait subsiste. C'est sur ce principe que se fonde ou que devrait se fonder l'hérédité de la noblesse. C'est lui qui, dans un gouvernement monarchique, forme la chaîne qui lie la personne du souverain à celle de ses premiers sujets, et devient ainsi un des plus fermes soutiens de la stabilité des trônes. Cela posé, il ne saurait rien y avoir d'irrespectueux à discuter si l'on doit, ou non, de la reconnaissance à son souverain. Les autres liens, on les partage avec tous les citoyens ; mais celui-là est individuel, on peut sans irrévérence chercher à connaître si l'on sort de la règle générale, et à quel point on entre dans l'exception.

La reconnaissance, en un mot, étant une dette, il faut bien, pour savoir en quoi elle consiste, faire une colonne de ce qu'on a donné, une de ce qu'on a reçu et établir une balance. Ce compte sera facile à faire, par rapport à moi, quoique je me voie forcé de remonter un peu haut pour en poser les premiers articles.

Ce n'est pas, Monsieur, à l'auguste maison de France que nous sommes redevables de la qualité de gentilshommes. Nous la possédions avant

d'être ses sujets. La Provence, dont ma famille est
issue, forma long-temps un état dont les souve-
rains ne rendaient à la couronne de France aucun des hommages qu'elle exigeait de ses grands
feudataires. Ils régnaient dans la plus parfaite indépendance. Ce fut un de mes ancêtres qui réunit à la France cette province, où le nombre de
ses vassaux, la considération personnelle dont il
jouissait, et la confiance illimitée du souverain,
l'avaient rendu tout puissant. La maison d'Anjou
se trouvant sans descendance directe, il fit passer
à Louis XI cet immense héritage, qui, outre la
Provence, comprenait encore le royaume de
Naples et beaucoup d'autres domaines. C'est ainsi
que nous devînmes Français, en attachant une
couronne sur le front du nouveau maître que
nous venions de nous donner.

Depuis cette époque, peu de familles ont rendu
à la patrie plus d'importants services, que celle
dont mon père est le chef. Sous le seul règne de
Louis XIV, pendant que le comte de Forbin
associait à jamais son nom à la gloire du pavillon
français, un autre de mes aïeux, par le plus
beau fait d'armes qui ait illustré la maison du Roi,
emportait, avec sa compagnie de mousquetaires,
la place de Valenciennes; et le cardinal de Janson,
se prévalant de l'empire qu'il exerçait sur l'esprit

du pape Innocent XII, dictait sous son nom au faible et superstitieux roi d'Espagne, le testament qui fit asseoir la maison de Bourbon sur le trône de Charles Quint.

Quelque grands que soient ces services, ils n'ont jamais reçu une seule récompense, je veux dire de celles qui se transmettent aux générations, et sont censées un gage de la reconnaissance nationale. Les titres que portaient mes aïeux dans leur patrie avant qu'ils l'eussent rendue France, étaient les premiers qu'on y connût, et ne leur étaient communs qu'avec un petit nombre de maisons égales à la leur. Dans la suite ces titres, prodigués sans mesure, tombèrent dans le dernier degré d'avilissement, et il n'y eut plus en France que celui de Duc, qui pût être regardé comme une distinction. Lui-même, combien de fois ne fut-il pas accordé à la faveur, à l'intrigue, ou à des motifs encore plus bas, sans qu'on daignât se souvenir qu'il aurait dû avant tout servir à acquitter les dettes de la patrie? Il est vrai que cette dette nous ne la rappelâmes jamais. Aucune famille n'a, je crois, moins que la nôtre importuné la cour de ses prétentions. Nous ne sûmes que servir nos rois, contribuer à leur grandeur, être prodigues pour eux, de notre patrimoine ainsi que de notre sang, et nous contenter de leur estime.

Telle était, Monsieur, sous le rapport de la reconnaissance seulement, la position respective de la maison de Bourbon et de la mienne, lorsqu'éclata la révolution ; et c'est à vous que je laisse à décider laquelle des deux pouvait se croire tenue envers l'autre *à la reconnaissance.*

Une grande partie de la noblesse sortit de France, et, considérant Louis XVI comme prisonnier, courut se ranger sous les étendards des princes émigrés. Je n'examinerai point si cette conduite fut, en elle-même, bonne ou mauvaise. Mon opinion est qu'en rigueur de principes elle fut un tort ; mais qu'à une époque où les idées flottaient indécises entre ce qu'on doit à sa patrie, et ce qu'on doit à son roi ; où pour la plupart des Français, ces deux mots, qu'on n'avait jamais vus séparés, ne représentaient qu'une seule et même chose ; ce tort fut du nombre de ceux qui honorent les hommes qui en sont capables. Les preuves sublimes de dévouement que la noblesse française a données à ses princes, dans cette circonstance, caractérisent la nation la plus susceptible d'attachement et d'enthousiasme qui soit au monde. Mais je n'en parle ici que comme service personnel rendu à ces mêmes princes; et sous ce rapport du moins les avis ne sauraient être divisés.

Toutes les branches de la maison de Forbin émigrèrent; les biens qu'elles possédaient furent séquestrés et presque tous vendus.

Ce sacrifice ne fut pas particulier à ma famille, je le sais. Il n'en est pas moins réel, et j'en parle d'autant plus volontiers, qu'il lui est commun avec une infinité d'autres.

Mais si, dans le grand nombre de ceux qui, dans les premières années, se dévouèrent aux malheurs de l'émigration, l'attachement d'un individu ne peut pas se distinguer, il lui fut aisé de se faire remarquer dans le très-petit nombre de ceux dont rien ne lassa la constance et ne refroidit le zèle. C'est parmi eux que se place mon grand-père.

Si un attachement sans bornes, une fidélité à toute épreuve, si le plus généreux oubli de soi-même, donnent des droits à la reconnaissance d'un prince, nul n'en eut davantage sur le cœur de sa majesté, que ce noble vieillard. *Son Dieu, son Roi*, telle était sa devise, l'unique guide de ses actions. On lui avait envoyé, de France, des certificats de résidence à signer, d'où dépendait sa réintégration dans ce qu'il lui restait de fortune. Il les renvoya avec ces mots : « J'aime

mieux mourir de faim que d'écrire un mensonge. »
C'est ainsi qu'il aimait son Dieu. Long-temps
après que l'ordre et la tranquillité furent rétablis
en France, et que toutes les puissances du continent eurent reconnu le gouvernement impé-
rial, je le suppliais de céder à nos vœux et de
venir se réunir à une famille dont il était également chéri et vénéré.—« La France, me répondit-il, ne sera la France à mes yeux, que lorsqu'un Bourbon y sera assis sur le trône de ses
ancêtres. » — C'est ainsi qu'il aimait son
roi. J'admirais la magnanime inflexibilité de ce
chevalier des temps anciens ; mon cœur s'embra-
sait au feu de tant de vertus héroïques ; mais, je
l'avoue, je ne pouvais concevoir comment un seul
homme était la patrie. C'était à elle que je vouais
un culte éternel, pour elle que je jurais intérieurement d'être toujours prêt à sacrifier ma vie.

Je sais que je vous parle, Monsieur, de
choses que ni vous, ni les autres ministres du
roi ne pouvez connaître, et qui ne sont pas de
nature à être prouvées légalement. Mais s'il m'é-
tait permis d'invoquer ici l'auguste témoignage
de sa majesté, ce serait d'elle seule que j'en
attendrais la confirmation. Il nous reste des
lettres à mon grand-père, écrites de sa main
royale, qui prouvent combien il en était connu

et estimé ; et nous possédons encore le billet d'une somme que, dans ses pressants besoins, elle lui permit de déposer à ses pieds.

Cette somme n'est rien en elle-même, je n'en parle que comme preuve de sentiment. Celui qui l'offrait n'avait plus alors de terres à sacrifier. Il ne lui restait rien, et c'étaient les débris de sa vaisselle et de ses bijoux qu'il partageait avec son souverain proscrit et délaissé.

Il mourut cet homme vertueux, cet ami si sûr dans le malheur. Ses cendres reposent dans la terre de l'exil. Les miennes, peut-être, iront s'y réunir.

Il ne fut pas, parmi les auteurs de mes jours, le seul dont la famille royale ait reçu des preuves d'un attachement plus qu'ordinaire. Ma mère était rentrée en France en 93, pour préserver de l'engloutissement général sa fortune personnelle et ce qui restait de celle de mon père. La reine vivait encore. Ma mère résolut de risquer sa vie pour essayer de la sauver. Elle entreprit de gagner le conventionnel Chabot, qui avait une inspection sur la prison de la conciergerie, et lui offrit un million pour remettre la reine entre ses mains. Elle n'avait à cet égard aucune mission, et n'écoutait que le mouvement de son cœur, en proposant cette somme qui absorbait alors la totalité de sa fortune et de la nôtre. Chabot dénonça l'offre de ma mère au comité de salut public, et elle fut à l'instant mise *hors la loi ;* c'est-à-dire condamnée à être exécutée le lendemain du jour où elle serait découverte. Elle n'échappa que par une sorte de miracle aux dangers sans nombre dont elle était entourée. La preuve de ce que je viens de dire existe dans les registres du comité de salut public, dont un extrait légalisé a été mis sous les yeux de Madame, duchesse d'Angoulême, quelque temps avant mon inscription sur la liste des *trente-huit.*

Si, de mon grand-père et de ma mère, je passe à des personnes qui ne me touchent guère de moins près, le duc de Brissac, dont ma femme est petite-fille, arrose, le premier, de son sang, les marches du trône qu'il défend. Enfin, de quelque côté que je me tourne, je ne vois dans ma famille que meurtres, proscriptions, terres vendues, châteaux réduits en cendres pour la cause des Bourbons, et cela sans murmures, sans reproches, en n'exprimant qu'un regret, celui de ne pouvoir en faire davantage.

Voilà nos titres *à leur reconnaissance.* Quels sont leurs titres à la nôtre, et qu'en avons-nous reçu ? Ce ne sera pas moi, Monsieur, qui vous le dirai. Ouvrez l'ordonnance du 24 juillet, et vous y trouverez l'*individu Forbin-Janson, fils aîné.* L'individu Forbin Janson ! . . . . . . Cette dénomination n'était pas absolument nouvelle à l'égard de ma famille, c'est ainsi que mon grand père et mon père furent portés sur la liste des émigrés. Rapprochement étrange ! qui l'eût prévu alors, que les protocoles du régime de la terreur serviraient un jour de modèle aux ordonnances de la légitimité ?

Vous me direz peut-être que si j'ai été frappé par cette ordonnance, c'est qu'on m'a cru coupable ou dangereux ; que, dans le premier cas, l'impartiale justice du Roi devait faire taire les services de ma famille ; que dans le second, l'intérêt de l'Etat étant la loi suprême, toute autre considération disparaissait devant elle.

Je répondrai que, même dans cette double hypothèse, toujours est-il vrai que l'unique fruit de la reconnaissance du souverain, pour le dévouement de tous les miens, a été de me punir sur ce qu'on m'a *cru* coupable, ou de me sacrifier sur ce qu'on m'a *cru* dangereux. Mais je suis loin de regarder comme admissible en tout ou en partie un argument que je n'ai proposé que parce qu'il me paraît le seul avec lequel on puisse essayer de me réfuter.

Que signifie ce mot *croire*, quand on pouvait examiner? est-ce lorsqu'on renverse toutes les lois et qu'on viole des promesses solennelles, qu'on peut avouer qu'on a agi sur une simple croyance? Mais encore, pour *croire* je veux bien qu'on se passe de preuves, mais non de probabilités, d'apparences ou du moins de simples indices. Croire sans motifs, n'est plus croire, c'est rêver.

Existait-il des probabilités, des apparences, des indices, qui pussent me faire considérer comme un homme dangereux? Etait-ce à cause de mon grade dans l'armée, des grandes places que j'occupais, du rôle que j'avais joué sous l'ancien gouvernement, des ouvrages que j'avais publiés, qu'on se croyait autorisé à me regarder comme un homme dangereux, dont l'importance devenait la justification, ou du moins l'excuse d'un coup d'état?

Reste à examiner si l'on a pu me croire coupable. Coupable de quoi? sans doute de la conduite sourde et mystérieuse qu'on me soupçonnait d'avoir tenue avant le 20 mars, ou de celle qui, depuis le 20 mars, avait été publique et sur laquelle on me jugeait. Mais quel fondement, fût-ce le plus léger, pouvait servir de base à l'idée que j'avais ourdi des trames et des complots? Avait-on découvert, dans ma vie passée, quelque chose qui ressemblât à des conspirations ou à des menées, ou seulement à l'intrigue? je ne connaissais aucun des hommes de la révolution, je n'étais lié avec aucun des grands personnages qui avaient figuré sous le dernier gouvernement. Le chef de ce gouvernement m'était lui-même presqu'inconnu; je n'avais reçu de lui ni grades, ni places, ni titres, ni cordons, ni émolument quelconque.

La clef de chambellan, voilà le seul rapport qui avait existé entre ce gouvernement et moi; et cette clef m'avait été donnée un an avant sa chute, à l'époque où des lois terribles portées contre les Français naturalisés en pays étrangers, m'obligèrent de quitter la qualité de chambellan du roi de Bavière, la seule que j'eusse en France depuis la révolution. Toute ma famille était dévouée au roi, et s'était sacrifiée pour lui. J'avais, moi-même, fait toutes les démarches qu'on peut attendre d'un homme d'honneur, pour éclairer le roi et les princes sur ma conduite, et détruire les préventions qu'on leur avait inspirées très-injustement sur mes sentiments à leur égard. Enfin, j'avais, depuis leur retour jusqu'au 20 mars inclusivement, résidé constamment en France et dans ma famille. J'y avais mené la vie la plus retirée. Je n'avais pas une seule correspondance qui pût paraître suspecte. D'où donc pouvait partir ce soupçon, que j'étais impliqué dans une conspiration, qui, elle-même, n'était qu'un soupçon? J'étais, au contraire, un des hommes qui devaient s'en croire le plus à l'abri.

Quant à ma conduite politique et publique pendant les cent jours, il est possible qu'on la jugeât criminelle. Il ne m'appartient pas de déterminer ce qui passe ou non pour crime aux yeux de ceux qui m'ont proscrit. Mais ce qu'il y a de certain, c'est que cette conduite fut, comme militaire, celle de l'armée entière, comme citoyen, celle du peuple français en masse.

J'étais, comme je l'ai dit, resté dans ma famille *jusqu'au 20 mars*. La veille ou l'avant-veille de ce jour mémorable, j'avais reçu du ministre de la guerre, une circulaire adressée à tous les officiers sans emploi, avec ordre de me rendre au camp qui se formait à Melun, sous le commandement de M. le duc de Berri, afin d'y être provisoirement mis en activité. J'obéis à cet ordre, très-décidé à être fidèle au drapeau sous lequel j'allais combattre.

J'appris en chemin le départ du roi, qui avait eu lieu dans la nuit, et l'entière dispersion des troupes campées à Melun; je m'en revins chez moi.

Le commandement en chef de la garde nationale de Paris venait d'être remis à M. le comte de Montesquiou, anciennement grand-chambellan. J'allai le trouver dans la soirée, et lui dis qu'étant officier sans activité, n'ayant aucun corps auquel je pusse me réunir, je me ralliais sous celui de la garde nationale, auquel tous les citoyens appartiennent.

J'avais d'autant plus de raisons pour en agir ainsi, que j'étais moi-même chef de légion de la garde nationale du département de la Nièvre, ou du moins je devais me considérer comme tel, puisque je n'avais été ni destitué ni remplacé, et que la nouvelle organisation des gardes nationales n'avait pas encore été définitivement fixée.

Je ne quittai plus le commandant en chef; il se rendit aux Tuileries, ainsi que l'exigeait le devoir de sa place. J'entrai avec lui dans la salle où soupait Napoléon, qui dit, en me voyant, avoir dans sa route entendu parler de ma défense contre les Autrichiens en 1814; il y joignit quelques mots d'éloge. Je répondis qu'en servant ma patrie, je n'avais fait que mon devoir.

Ces détails sont bien minutieux. Ils seraient tout-à-fait indignes d'être relatés, si je n'avais de puissants motifs de croire que c'est cette démarche et cette insignifiante circonstance qui ont envenimé contre moi des esprits déjà très-prévenus, et que c'est peut-être là l'unique cause d'une proscription qui dure depuis près de quatre ans. Quoi qu'il en soit, je ne chercherai pas plus à la justifier que le reste de mes actions. J'évite, autant qu'il m'est possible, de m'appuyer sur des raisons qui, quelque solides qu'elles puissent être, ne sont pas universellement reconnues comme telles, et courraient le risque de déplaire. Je me contente de dire que ma conduite n'a pu en rien se séparer de celle de l'armée et de la France, pas plus dans cette circonstance que dans toutes les autres. Je n'étais pas seul à ce souper; j'y étais, en habit de garde national à côté du commandant en chef des gardes nationales : un grand nombre d'officiers, tant de cette arme que de toutes les autres, y étaient ainsi que moi. Et qu'importe qu'on fût dans la salle du souper, dans les cours du palais occupées par la garde nationale rangée en bataille, sur les quais, où tout ce qu'il y avait de troupes de ligne à Paris était sous les armes, ou dans le jardin des Tuileries et sur la place du Carrousel, remplis

d'une immense foule de peuple ? La seule question essentielle est celle du moment où j'ai été
censé reconnaître, du moins passivement, le
nouveau gouvernement. Ce moment était déci-
sif; ce fut celui où la capitale de la France, et sa
garde nationale, suivirent l'exemple qui leur avait
été donné par l'armée et le peuple, depuis l'ex-
trémité de la France jusqu'à Paris. J'ai donc
raison de dire qu'on ne peut séparer ma conduite de la leur.

Le reproche d'inconséquence serait également
dépourvu de fondement. La contradiction entre
ma conduite du matin et celle du soir, n'est
qu'apparente et n'a rien de réel. Je partais le
matin pour défendre un gouvernement dont la
prochaine destruction paraissait inévitable, mais
enfin qui existait, et à qui je voyais un chef, et
ce qu'on pouvait encore regarder comme un parti.
Le soir il n'y avait plus ni chef ni parti. Le drapeau tricolore remplaçait le drapeau blanc. Quand
je me réunis à la garde nationale, dont je n'a-
vais jamais entendu devenir l'ennemi, qui avait
changé, de moi ou des circonstances ?

Ce ne fut que très-long-temps après le départ
du roi, que je remplis en France des fonctions
quelconques, et toute ma carrière politique se
renferme dans ce peu de mot : Je fis la campagne

de Waterloo, je siégeai dans la chambre des pairs jusqu'à sa dissolution. Sur lequel de ces deux chefs peut-on, je ne dis pas fonder une accusation, puisqu'on n'en a proféré aucune, et que je ne tiens compte que de celles qu'on juge à propos d'articuler, mais peut-on trouver un prétexte pour me ranger dans une classe à part? Cette campagne, je l'ai faite avec cent vingt mille compagnons d'armes, et ils étaient soutenus par cinq ou six cents mille autres, qui s'organisaient de tous côtés pour défendre la même cause, l'indépendance de la France. J'ai fait partie de la représentation nationale, mais tous les citoyens y ont participé en y envoyant leurs députés. Si c'était un crime d'être élu, ce devait être un crime d'élire, et quoique la nomination des pairs fût faite par le chef du gouvernement, ce droit ne s'appuyait que sur l'acte fondamental d'une constitution, proposée à la masse entière de la nation et acceptée par elle. Je le redemande encore : où est mon tort particulier? Nous avons vu qu'il était impossible d'admettre que j'eusse été proscrit, parce qu'on me jugeait assez dangereux et assez important pour mériter d'être éloigné à quelque prix que ce fût; que personne n'avait pu s'arrêter un instant à la supposition que j'eusse pris part à une trame ourdie dans les ténèbres; et il est démontré qu'il n'y avait aucun point sous lequel ma conduite pût être considérée comme faisant exception à celle de toute la France. Maintenant il me paraît difficile de sortir de ce dilemme : ou le gouvernement ne m'a pas cru coupable, ou il m'a cru coupable. Dans le premier cas, pourquoi me punir? Dans le second, pourquoi me choisir? Pourquoi, si l'on voulait décimer les coupables entre trente millions de citoyens et un million de soldats, me désigner, moi, plutôt qu'un autre? Enfin, puisque cette proscription ne fut ni l'œuvre d'une justice sévère ni celui de la nécessité, mais bien l'effet d'un choix libre et gratuit, ne suis-je pas fondé à dire qu'elle est l'unique prix que ma famille ait reçu de ses longs services, et d'un dévouement si invariable?

D'après cet exposé vous voyez, Monsieur le comte, que je ne saurais tracer ce mot de *reconnaissance*, sans vouloir en imposer ou sans m'y laisser contraindre. L'un et l'autre sont indignes de moi.

Si vous me dites que la *reconnaissance* qu'on me demande, serait fondée sur le bienfait de mon rappel, je réponds alors que les mêmes raisons qui m'empêchent de retrancher le mot de *justice*, s'opposent à ce que j'ajoute celui de *reconnaissance*, puisque l'un et l'autre tendraient au même but, celui de faire considérer mon inscription sur la liste du 24 juillet, comme une justice, et ma radiation comme une faveur; ce qui, dans mon opinion, est précisément l'inverse de la vérité.

Ma lettre est terminée. Tout homme qui l'aura lue avec impartialité, demeurera convaincu que ma conduite, avant le 20 mars 1815, a été celle d'un sujet fidèle; après le 20 mars, d'un soldat citoyen; qu'elle est depuis mon exil, celle d'un homme que le malheur ne peut abattre, que l'injustice ne peut aigrir, que la persécution ne peut faire trembler. Le passé et le présent répondent de l'avenir. L'honneur et la patrie, voilà les dieux que je servirai toujours. On aura beau me chasser de l'une, son image est dans mon cœur, elle me suivra partout. On aura beau me montrer la proscription suspendue sur ma tête, pour me faire dévier de l'autre, les menaces n'auront pas plus de pouvoir que n'en auraient les promesses. Tout ce qui n'est pas franc, loyal et généreux, je le tiens au-dessous de moi. Plus on m'a abaissé, plus je me suis élevé, car je ne me juge plus que sur mes actions et sur mes sentiments.

S'il plaît à S. M. de me rendre à ma patrie, ce qu'un souverain a droit d'attendre d'un citoyen vertueux, elle peut l'attendre de moi. Le souvenir de mes injures personnelles sera foulé à mes pieds. J'en prends d'autant plus volontiers l'engagement, que ce n'est pas d'aujourd'hui que je l'ai intérieurement contracté.

Si, pour révoquer mon exil, on exige des désaveux ou formels ou tacites de ma conduite passée; des protestations pour ma conduite future, autres que celle que je viens de faire, ou des assurances de sentiments qui ne peuvent exister dans mon cœur, j'ai appris à souffrir, et ne sais point encore comment on trahit sa conscience.

Je n'ai plus, Monsieur, qu'un mot à vous adresser, et ce sera une prière : n'ajoutez pas à mes maux celui d'une perpétuelle incertitude. C'est plus encore pour ma famille que pour moi que je vous le demande. Je sais que les espérances que vous lui avez données, les démarches auxquelles vous l'avez engagée, ne provenaient de votre part que d'une sincère bienveillance, et je vous prie d'en recevoir ici tous mes remercîments. Mais considérez quel en a été le résultat. Madame de Janson partait au mois d'août pour m'amener mes enfants : de jour en jour les mois se sont écoulés pour moi dans le plus douloureux isolement; pour elle, dans une anxiété qui use et détruit sa santé. Que de larmes a fait

couler ce rappel, signé par le roi, révoqué ensuite parce que j'ai donné à un ancien compagnon
d'armes quelques preuves d'intérêt dans son extrême infortune ! Le malheur d'être chassé de sa
patrie est affreux, sans doute ; l'avoir mérité serait le seul que je ne me sentisse pas la force de
supporter. La patience est le remède des maux
incurables, et il est peu de positions auxquelles
on ne puisse finir par s'accoutumer. Mais quelle
résignation serait à l'épreuve de cette fluctuation
entre des espérances sans cesse déçues, et des
chagrins déchirants, sans cesse renouvelés ?
Quelle tranquillité d'âme pourrait se défendre
contre l'irritation, quand on se voit à chaque
instant placé dans la cruelle alternative de cau-
ser sa propre infortune, celle des objets les plus
chers, ou de manquer à des obligations que l'on
regarde comme imposées par l'honneur ? On
n'hésite pas, mais on souffre, et c'est un supplice
auquel je n'ai pas été condamné.

Si jamais le gouvernement a été à portée de
prononcer sur mon sort, avec connaissance de
cause, c'est en ce moment, où je lui ai exposé
avec tant de sincérité ma conduite passée, présente et future, les devoirs auxquels je me crois
tenu, et les sentiments de mon cœur. Je suis tout
entier dans cette lettre, destinée à être mise éga-

lement sous vos yeux et sous ceux des ministres formant le conseil de S. M. Qu'ils daignent donc prendre une décision à mon égard, ou, s'ils le jugent nécessaire, en solliciter une de S. M. Quelle qu'elle soit, je serai reconnaissant envers votre excellence, si elle veut bien me la faire connaître le plutôt possible, et m'épargner la nécessité d'interpréter son silence.

J'ai l'honneur d'être avec la plus haute considération ;

De votre excellence,

Monsieur le comte,

Le très-humble et très-obéissant serviteur,

Signé le comte de Forbin-Janson.

P. S. Je laisserai mon adresse à l'ambassade de France, d'où l'on pourra toujours me faire parvenir la réponse que je sollicite.

DE L'IMPRIMERIE DE C.-F. PATRIS,

RUE DE LA COLOMBE, N° 4, QUAI DE LA CITÉ.